1001

cosas que buscar en el

mar

Katie Daynes

Ilustraciones: Teri Gower

Diseño: Natacha Goransky

Redacción: Anna Milbourne

Asesora de historia natural: Dra. Margaret Rostron

Traducción: Antonio Navarro Gosálvez
Redacción en español: Isabel Sánchez Gallego y Anna Sánchez

Sumario

Busca y cuenta

En las páginas de este libro verás los mares y océanos de todo el mundo. En cada escena hay un montón de cosas para descubrir y contar.

Además, en las páginas 30 y 31 hay un juego para que te entretengas buscando aún más animales. En total deberás encontrar 1001 cosas.

Un bosque submarino

Estos dibujitos muestran lo que hay que buscar en la ilustración.

10 jaquetas garibaldi

8 caracoles turbante

5 peces escorpión

Los números grandes indican cuántas cosas tienes que encontrar.

9 cangrejos de las algas

8 cabrillas de arena

4 nutrias marinas

10 erizos de mar

6 gorgonias

2 tiburones tigre

9 sargaceros gigantes

14

15

Os presentamos a Pablo, que ha recorrido los mares y océanos de todo el mundo. Este incansable explorador siempre lleva consigo su cámara submarina. A ver si logras encontrar la cámara de Pablo en todas las escenas del libro.

En alta mar

8 calamares 10 caballas

1 ballena
jorobada

10 medusas

8 chopas
medialuna

3 peces
luna

4 tiburones
azules

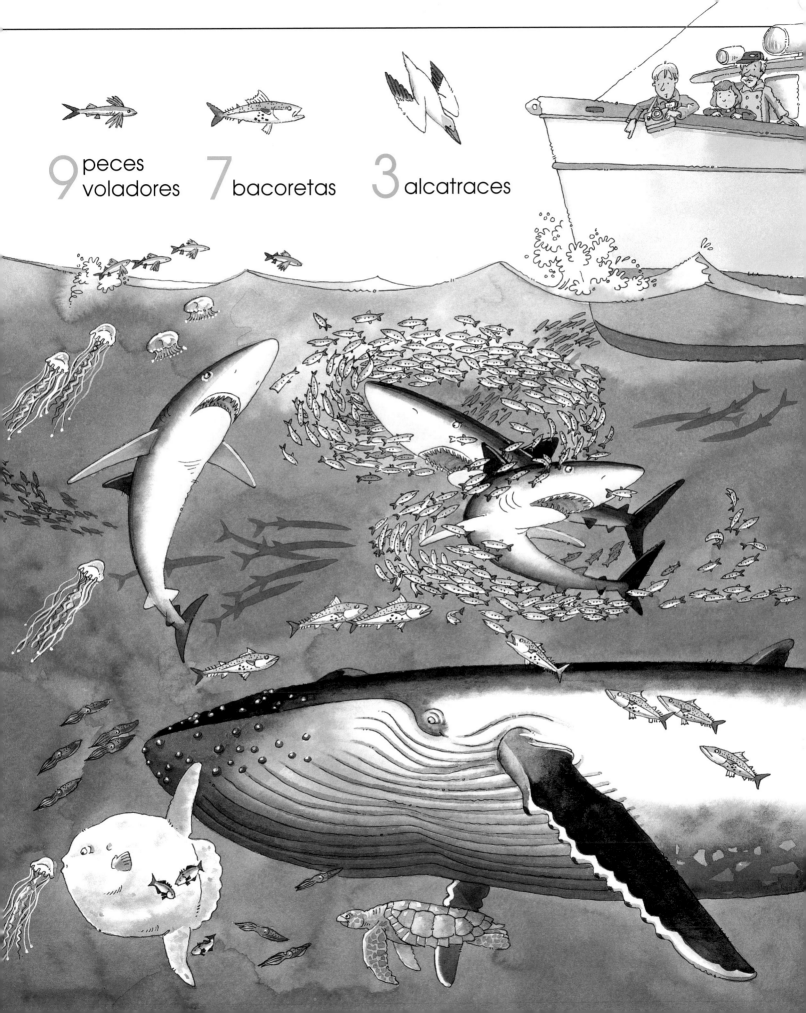

9 peces voladores   7 bacoretas   3 alcatraces

Deportes acuáticos

4 lanchas motoras

10 aletas

5 motos de agua

9 chalecos salvavidas

3 flotadores

9 boyas rojas

6 velas a rayas

10 gaviotas argénteas

5 windsurfistas

7 tablas de bodyboard

El Polo Norte

10 capelines

4 charranes árticos

8 focas oceladas

10 focas de Groenlandia

8 crías de foca

4 osos polares

9 bacalaos árticos

5 parkas blancas

3 orcas

9 salvelinos

Un arrecife de coral

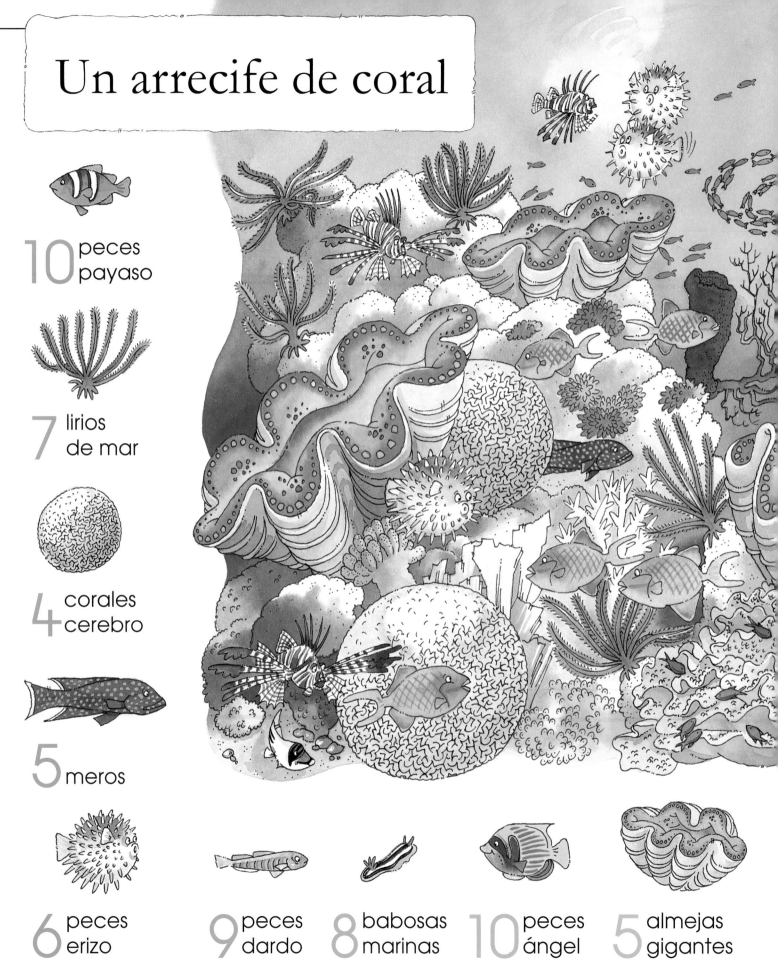

10 peces payaso

7 lirios de mar

4 corales cerebro

5 meros

6 peces erizo

9 peces dardo

8 babosas marinas

10 peces ángel

5 almejas gigantes

9 peces
ballesta

A la orilla del mar

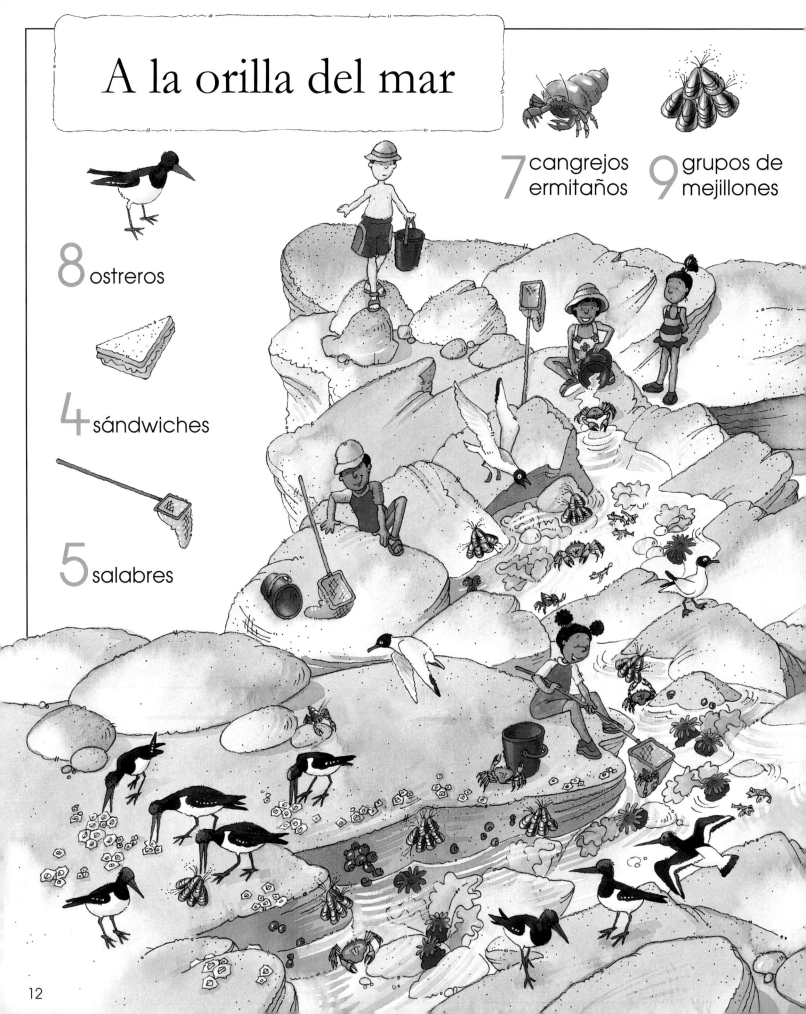

7 cangrejos ermitaños

9 grupos de mejillones

8 ostreros

4 sándwiches

5 salabres

3 sombreros azules

10 gobios

8 cangrejos

6 gaviotas reidoras

8 cubos rojos

Un bosque submarino

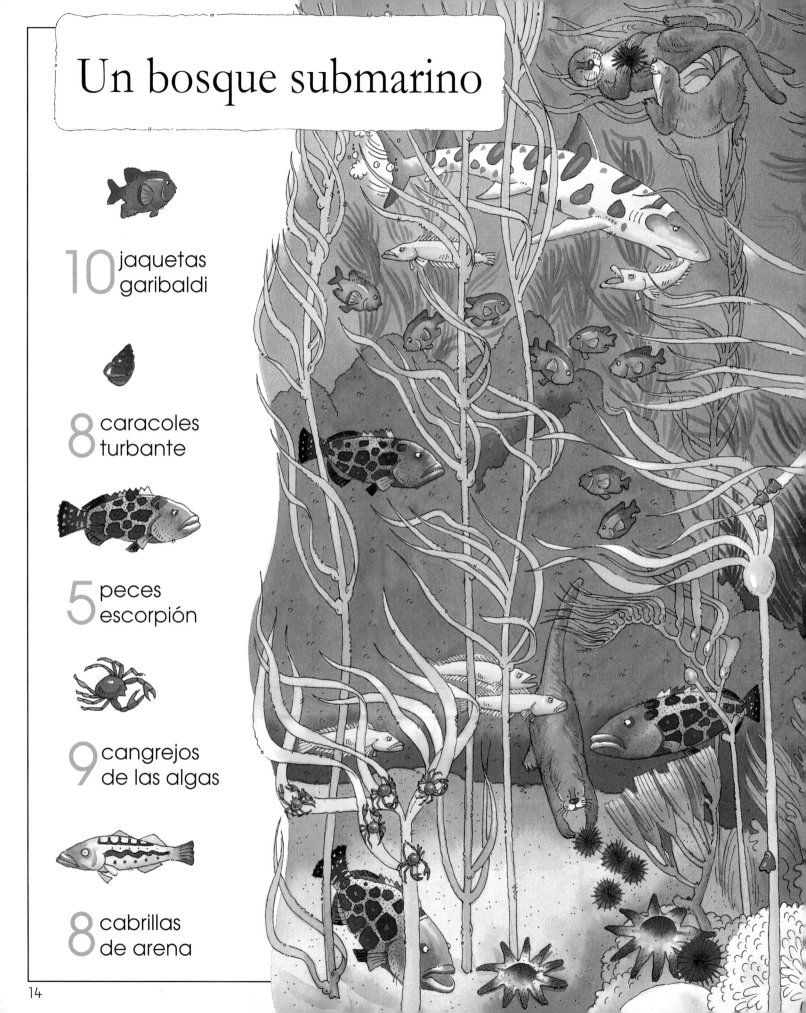

10 jaquetas garibaldi

8 caracoles turbante

5 peces escorpión

9 cangrejos de las algas

8 cabrillas de arena

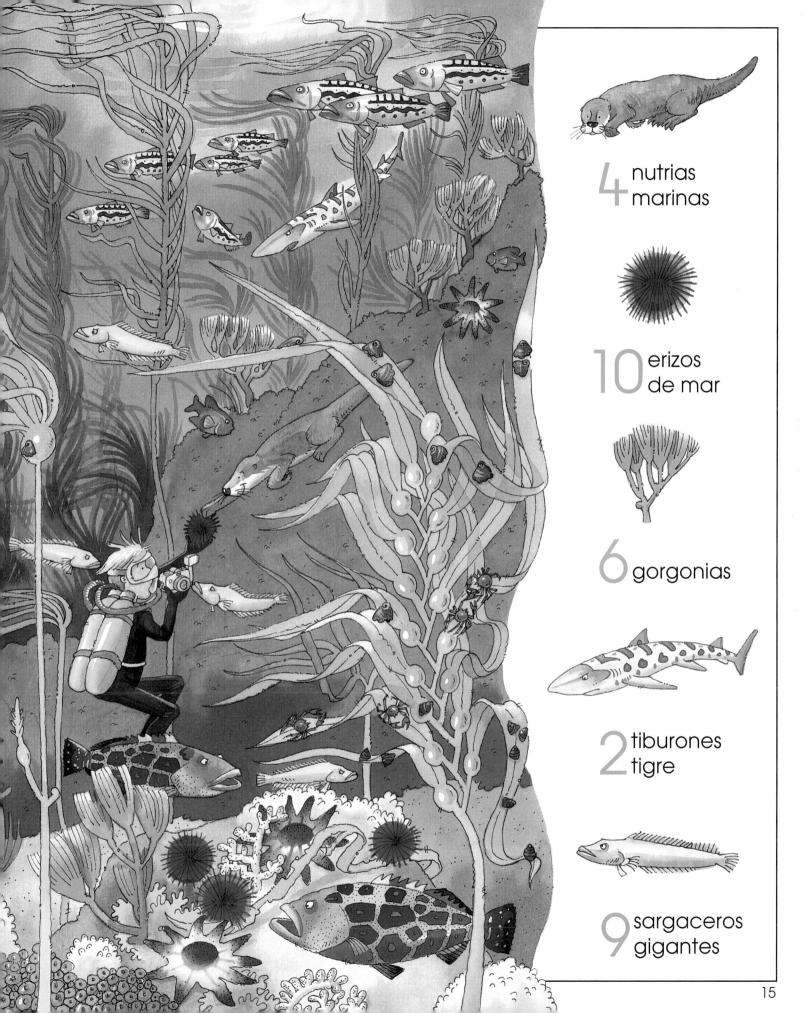

4 nutrias marinas

10 erizos de mar

6 gorgonias

2 tiburones tigre

9 sargaceros gigantes

De crucero

3 botes salvavidas

 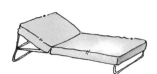  

7 salvavidas

8 farolas de cubierta

5 mesas

4 yates

6 tumbonas amarillas

10 palmeras

8 tumbonas a rayas

9 oficiales del buque

4 prismáticos

Las profundidades

10 peces linterna

9 camarones enjambre

8 ojobarriles

10 cangrejos abisales

7 fumarolas negras

 5 peces
pelícano

 6 rapes
abisales

 9 medusas
abisales

 5 pulpos
dumbo

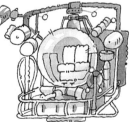 1 sumergible

Una aldea en el agua

5 chozas 9 ostras 10 durianes 7 canoas 5 piqueros patirrojos

10 remos

8 camisetas blancas

10 cocos

6 escaleras

4 perros

La ciudad sumergida

9 ojiverdes   **5** vasijas

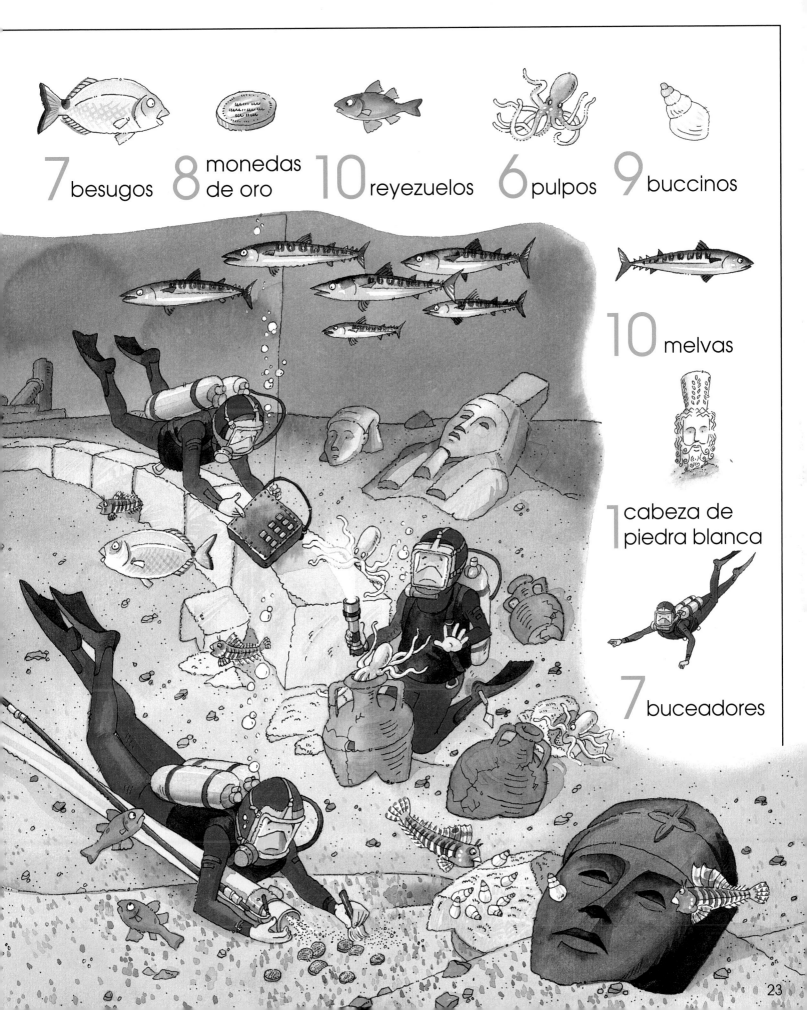

7 besugos

8 monedas de oro

10 reyezuelos

6 pulpos

9 buccinos

10 melvas

1 cabeza de piedra blanca

7 buceadores

El Polo Sur

9 pingüinos barbijos

8 albatros

1 barco con turistas

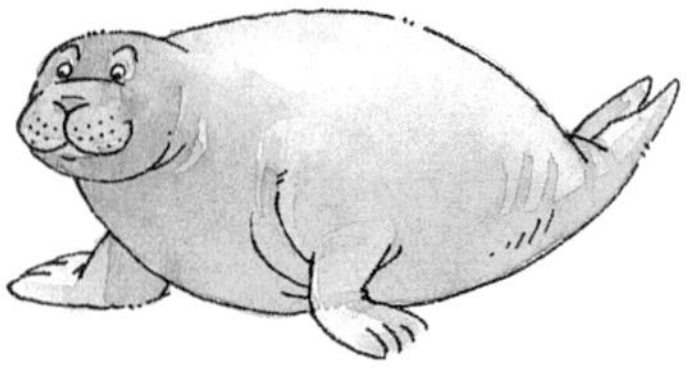

5 elefantes marinos

3 colas de ballena

6 mochilas

10 pingüinos emperador

10 pollos de pingüino

9 págalos grandes

4 delfines cruzados

Praderas subacuáticas

10 mújoles **8** bígaros amarillos **9** siluros **3** manatíes **7** semillas

9 rabirrubias

5 espátulas rosadas

8 cangrejos azules

7 tortugas de agua dulce

10 peces mariposa

Un barco hundido

2 pizarras

9 peces coral

10 barracudas

5 corales blandos

9 peces ardilla

10 peces cirujano

7 labios dulces arlequines

4 morenas

1 ancla

8 peces
vaca

En el acuario

En los acuarios puedes aprender muchas cosas sobre los animales marinos. En este hay animales del libro. ¿Podrás decir a qué escenas pertenecen y contarlos todos?

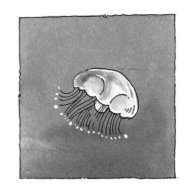

7 medusas comunes

10 emperadores de manchas

7 delfines mulares

10 morsas

3 peces trípode

10 anémonas rojas

8 pingüinos frente dorada

1 raya de arrecife

3 tortugas bobas

2 peces napoleón

8 caballitos de mar

9 peces picasso

6 peces león

6 langostas espinosas

7 torillos

5 soles de mar

Soluciones

¿Has logrado encontrar todos los animales del acuario de este libro? Compruébalo.

Escenas de animales

7 medusas comunes
En alta mar
(páginas 4 y 5)

10 emperadores de manchas
Una aldea en el agua
(páginas 20 y 21)

7 delfines mulares
De crucero
(páginas 16 y 17)

10 morsas
El Polo Norte
(páginas 8 y 9)

3 peces trípode
Las profundidades
(páginas 18 y 19)

10 anémonas rojas
A la orilla del mar
(páginas 12 y 13)

8 pingüinos frente dorada
El Polo Sur
(páginas 24 y 25)

Animales del acuario

1 raya de arrecife
Un barco hundido
(páginas 28 y 29)

3 tortugas bobas
En alta mar
(páginas 4 y 5)

2 peces napoleón
Un barco hundido
(páginas 28 y 29)

8 caballitos de mar
Praderas subacuáticas
(páginas 26 y 27)

9 peces picasso
Un arrecife de coral
(páginas 10 y 11)

6 peces león
Un arrecife de coral
(páginas 10 y 11)

6 langostas espinosas
Praderas subacuáticas
(páginas 26 y 27)

7 torillos
La ciudad sumergida
(páginas 22 y 23)

5 soles de mar
Un bosque submarino
(páginas 14 y 15)

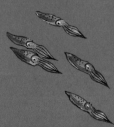

Directora de redacción: Gillian Doherty
Directores de diseño: Mary Cartwright y Russell Punter

La editorial desea agradecer su asesoramiento a las siguientes personas:
Emad Khalil, arqueólogo submarino de la Universidad de Southampton
Jonathan Mendez, instructor jefe de lanchas motoras en la Royal Yachting Association
Rachael Saul de Hebridean Island Cruises Ltd
Matt Slater, biólogo marino del acuario Blue Reef, en Newquay
Sally Thomas de The Royal Institute of Naval Arquitects

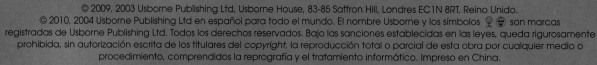